Bruno H. Weder

Monika oder Der Aufbruch

Trauerspiel in fünf Akten

Dramatis Personae:

Dr. Kurt Kuhlau	Abgeordneter des Landhauses
Claudia Kuhlau	Seine Frau
Hans Quest	Staatsvorsitzender
Rudi Mohler	sein Sekretär
Erwin Langger	Außenminister
Sebastian Notter	Propagandaminister
Lorenz Meuner	Industrieller
Willi Breder	Chef des Sicherheitsdienstes
Dr. Peter Orsow	Arzt und Freund Kuhlaus, Sanitätsreferent
Monika Ganter	Geliebte Kuhlaus
Wächter, Polizisten, Volk, Masken etc.	

Prolog

Quest:

Nie und nimmer

kann ich akzeptieren

daß jemand gegen

mich

nur ein Wort sagt

Schließlich bin

ich

die Gewalt

als solche

und wer

gegen mich ist

muß folgerichtig

untergehen

Niemals kann mich

jemand übergehen

Und auch meine Leiche

wird alles überstrahlen

1. Akt

1. Szene

(Kuhlau sitzt in einem Stuhl und versucht, eine Zeitung zu lesen.)

Claudia: Gesprächig bist du nicht.

Kuhlau: Laß mich in Ruh.

Claudia: Du bist auch schon netter gewesen, Kurt.

Kuhlau: Du auch schon weniger nervtötend, Claudia.

Claudia: Es scheint, daß du mir heute unbedingt eine Szene machen willst.

Kuhlau: Ich könnte, wenn ich wollte. Aber ich bin nicht in Stimmung.

Claudia: Was ist der Grund für die Verstimmung?

Kuhlau: Du verdrehst die Worte.

Claudia: Wenn du nicht in Stimmung bist, ist es wohl eine Verstimmung.

Kuhlau: Du hörst nicht genau hin. Ich sagte, ich sei nicht in Stimmung heute, dir eine Szene zu machen.

Claudia: Nicht einmal dazu bist du bereit.

Kuhlau: Nein, auch dazu nicht.

Claudia: Wozu leben wir dann noch zusammen?

Kuhlau: Eine gescheite Frage, die du nie beantwortest, wenn ich sie stelle.

Claudia: Lenke nicht ab, bitte.

(Kuhlau schweigt.)

Claudia: (nach einer Pause) Warum antwortest du nicht?

Kuhlau: Sollte ich?

Claudia: Allein schon dein Verhalten gäbe einem Anwalt

              Anlaß, den Trennungsbefehl zu unterzeichnen.

Kuhlau: Ach?

Claudia: Ja.

Kuhlau: Sammelst du Beweise?

Claudia: Beweise wozu?

Kuhlau: Für den Anwalt.

Claudia: Du bist gemein.

Kuhlau: Es scheint. Aber du langweilst mich mit deinem

              öden Gerede.

(Claudia beginnt zu weinen, setzt sich verzweifelt in einen

              Sessel, doch so, daß man merkt, daß es ein

              Erpressungsversuch ist.)

(Kuhlau vertieft sich wieder in der Zeitung.)

(Claudia hört auf zu weinen, schaut ihm entrüstet zu.)

Claudia: Nicht einmal zu Mitleid bist du fähig.

Kuhlau: Warum sollte ich? Wenn die Szene eh gespielt

              erscheint.

Claudia: So. Ich gehe jetzt.

Kuhlau: Bitte. Es hält dich niemand zurück.

Claudia: Ich wußte es.

Kuhlau: Was?

Claudia: Daß du eine andere hast.

Kuhlau: Ach. -

Claudia: Das ist alles? Die ganze Reaktion? Ich kann dir die verrücktesten Vorhaltungen machen, und du reagierst nicht einmal darauf.

Kuhlau: Ziemlich öd, nicht wahr?

Claudia: Wenn du es wenigstens zugeben würdest.

Kuhlau: Wie soll ich etwas zugeben -

Claudia: Was du nicht zugeben willst. Jedesmal dasselbe Spiel.

Kuhlau: Also gut.

Claudia: Du gibst es zu?

Kuhlau: Nein.

Claudia: Was dann?

Kuhlau: Dann geh ich jetzt.

Claudia: Zu deiner Geliebten.

Kuhlau: Oje. Was hättest du gesagt, wenn ich dir auf deinen Satz "Ich gehe jetzt" geantwortet hätte: zu deinem Liebhaber? Also: nicht schon wieder.

Claudia: Siehst du?

Kuhlau: Was?

Claudia: Auch ihrer bist du überdrüssig.

Kuhlau: Na?

Claudia: Weil du gesagt hast:"Nicht schon wieder." Das heißt, daß du schon mehrmals -

Kuhlau: Ich habe dies auf dich bezogen und meinte, daß du nicht schon wieder mit dieser Leier anfangen solltest.

Claudia: Du liebst mich nicht mehr.

Kuhlau: Das sagst du.

Claudia: Wenn dem aber so ist.

Kuhlau: Muß ich dir täglich das Gegenteil beteuern?

Claudia: Du könntest einmal zärtlich sein.

Kuhlau: Wie kann ich, wenn du mich verabscheust?

Claudia: Früher hast du auch nichts gescheut -

Kuhlau: Früher hast du mich auch nicht verabscheut.

Claudia: Immerhin habe ich dir neun Kinder geboren.

Kuhlau: Ja, ich weiß. Das ist dein permanenter Vorwurf.

2. Szene

Orsow: (Tritt ein.) O, ich störe?

Kuhlau: Orsow! Nein. Komm nur herein. Du bist also nicht verhaftet.

Claudia: Das wird wohl Aufforderung sein für mich -

Orsow: Bleib doch, Claudia. Ich wollte nur schnell vorbeischauen, um zu sehen, wie's euch geht. Und berichten, wie die Revolution verläuft.

Kuhlau: Die Revolution ist eine Hure, sie geht auf den Strich, wird öffentlich.

Claudia: Dieses Thema überlaß ich lieber der Männerbastion.

Kuhlau: Wie du willst. Obwohl die Frauen gut daran täten -

Claudia: Ist schon gut.

(Claudia geht hinaus.)

Kuhlau:	Erzähle, wie es war. Ihr wart vor dem Landhaus?
Orsow:	Ein erhebendes Gefühl. Nur schade, daß du nicht dabei warst.
Kuhlau:	Du weißt, daß ich mich zum jetzigen Zeitpunkt im Hintergrund halten muß. Sonst geht es schief.
Orsow:	Natürlich weiß ich das. Trotzdem. Und Breder hat Wort gehalten, der Sicherheitsdienst hat nicht eingegriffen. Jeder konnte unter Ovationen der Volksmenge seine Rede frei halten.
Kuhlau:	Wirklich ein Glücksgefühl.
Orsow:	Die Leute haben Hunderte von Kerzen aufgestellt und angezündet.
Kuhlau:	Fast ein beglückendes Fest.
Orsow:	Privat aber scheint dich dieses Glück zu verlassen. Ihr versteht euch nicht mehr so gut?
Kuhlau:	Orsow, ich habe einen öffentlichen Auftrag zu erfüllen.
Orsow:	Du weichst aus. Was ist mit Claudia und dir?
Kuhlau:	Es ist alles so kompliziert, Peter. Wir haben uns nicht mehr gleich viel zu sagen wie auch schon.
Orsow:	Und was ist mit Monika?
Kuhlau:	Laß das. Ich will jetzt nicht. Man lebt sich aus und auseinander.
Orsow:	Sehr vielsagend. Es ist also doch ernster, als ich angenommen hatte.
Kuhlau:	Der Röntgenblick des Arztes.

Orsow:	Spotte nicht. Manche Revolution ist am Liebesleben des Revolutionärs gescheitert.
Kuhlau:	Man wird sehen.
Orsow:	Wenn man sehen können wird.

3. Szene

Quest: sagst du?	Die Ansammlung vor dem Landhaus war groß,
Mohler:	Enorm. Und alle Schichten waren vertreten. Das hat mich irritiert. Und nicht nur vor, sondern auch im Hof.
Quest:	Du warst unter ihnen? Unerkannt?
Mohler:	Völlig.
Quest:	Bist du sicher?
Mohler:	Es ist nicht gut, wie die Sache ausschaut. Wenn ich mir die Bemerkung erlauben darf. Die Rede von Dr. Orsow, einem Arzt und Vorstandsmitglied der Akademischen Legion, enthielt so viele Forderungen: Pressefreiheit, Religionsfreiheit, Lehr- und Lernfreiheit, die Lösung der nationalen Probleme, die Konstitution. Und immer wieder: freie Wahlen. Aber auch ketzerisch: Öffentlichkeit und Mündlichkeit des Gerichtsverfahrens, Selbstverwaltung der Gemeinden und eine allgemeine Volksvertretung. Abgesehen von den

Stimmen, die Ihre Absetzung und Bestrafung verlangen.

Quest: Was hat es mit diesem - Orsow, sagtest du? - auf sich?

Mohler: Er soll großen Einfluß in der Akademischen Legion haben. Und -

Quest: Und?

Mohler: Und er ist Sanitätsreferent im Innenministerium.

Quest: Und?

Mohler: Und der persönliche Freund Kuhlaus.

Quest: Das verschärft die Sache. Was soll ich tun?

Mohler: Ich würde nicht mit Gewalt antworten, sondern einlenken. Nur so gibt's ein Überleben.

Quest: Das Eingeständnis der eigenen Unfähigkeit.

Mohler: Sie verlieren mehr, wenn Sie nichts mehr eingestehen!

Quest: Ich wollte doch das Beste -

Mohler: Ich erinnere mich, gelesen zu haben, das Gutgemeinte sei das Gegenteil von gut.

Quest: Die letzten Tage der Menschheit sind noch nicht angebrochen. Doch laß mich jetzt allein.

Mohler: Wenn Sie es wünschen.

(Pause.)

Quest: Nein. Bleib hier. Ich habe Angst. Ich will dir einen Traum erzählen, den ich letzte Nacht hatte. Er beschäftigt mich. Verfolgt mich.

Mohler: Gestatten Sie? Etwas Cognac zum Traum?

Quest: Erlaubt.

Mohler: Ich bin ganz Ohr.

Quest: Setz dich. Aber besauf dich dabei nicht.

Mohler: Keine Veranlassung. Lassen Sie hören. Soll ich
           kommentieren. Ich könnte Freud, Jung, Ferenzci
           -

Quest: Nein. Doch. Nein. Sagen wir, nur wenn ich frage,
           wenn ich will.

Mohler: Gut. Ihr Stichwort sei mein Befehl.

(Pause.)

Quest: Merkwürdigerweise ritt ich auf einem Esel. Noch
           nie bin ich auf einem Esel geritten. Wer reitet als
           Staatsmann schon auf einem Esel. Und dazu
           verkehrt aufgesessen.

Mohler: Ein ulkiges Bild, schon bei Schiller in Karlsbad,
           zugegeben -

Quest: Wir hatten ausgemacht -

Mohler: Entschuldigung. Es überkam mich so.

Quest: Plötzlich befand ich mich einer größeren Gruppe
           gegenüber. Einer Gruppe von Soldaten, die ihre
           Gewehrkolben auf die angewinkelten linken
           Oberschenkel gestützt hielten und mit ihren
           aufgepflanzten Bajonetten eine Krone in die
           Höhe hielten. Darunter stand im Königsmantel
           eine junge Frau, die mit einer herkulischen Keule
           meine Statue zu Boden schlug. Ich muß durch
           den Aufschlag kurz die Besinnung verloren

haben. Dennoch erwachte ich auf einem Hügel in der Gestalt eines plebejischen Milizionärs. Am Fuße des Hügels befanden sich züngelnde Nattern und überdimensionierte Ratten mit Riesenschwänzen, dick und lang. In der linken Hand hielt ich die Freiheitsfahne und in der Rechten ein Bündel von Blitzen, die ich dem verräterischen Ungeziefer entgegenschleuderte, was jedoch nichts zu nützen schien; denn die Viecher kamen immer näher und begannen, mich echt zu bedrohen, so daß mir nichts anderes mehr übrig blieb, als den Rückzug anzutreten. Endlich entkommen, wurde ich Zeuge einer Horrorszene. Ein geflügelter Genius kippte guillotinierte Köpfe am Eingang der Hölle aus einem riesigen Kübel auf den Boden. Furien mit Vipernhaar und Raubtierkrallen packten die Köpfe, darunter auch meinen, am Schopf und schleppten sie paarweise zur Hölle, vorbei am wachenden dreiköpfigen Pluto, wo sie verbrannt wurden. Ein grauenhaft stinkender Rauch verbreitete sich dabei.

(Es läutet)

Wer will denn jetzt - ? Also, geh schon und frage nach.

(Mohler geht. Pause.)

Warum erzähle ich diesem Banausen dies alles? Immerhin habe ich ihm verschwiegen, daß er auch aufgetaucht ist und eine Bombe alles zerfetzt hat. Aber da war noch etwas. Dieser Bajazzo. Es ist wohl -

4. Szene

Mohler:	Ein Herr. Ich kenne seinen Namen nicht. Er meint, er müsse Sie unbedingt sprechen.
Quest:	Wie sieht er aus?
Mohler:	Er ist vermummt, will absolute Anonymität.
Quest:	Und wenn er eine Bombe hat?
Mohler:	So müßte man ihn überprüfen.
Maske:	Ich habe keine Bombe. Bin auch sonst unbewaffnet.

(Quest zuckt zusammen, faßt sich jedoch schnell.)

Quest:	Mein Herr, ich bin es nicht gewohnt, jemanden ohne Voranmeldung und - in dieser Aufmachung zu empfangen.
Maske:	Verzeihen Sie. Die Umstände - sie zwingen mich dazu. Die Absicht, gestatten Sie, sie ist nicht bös. Doch -

(Er zeigt auf den Sekretär.)

Quest:	Ihm können Sie vertrauen.
Maske:	Sekretäre sind, verzeihen Sie - Die Literatur ist eine gute Lehrerin. Zur Vorsicht, meine ich.

Quest: Ich sehe, Bildung ist an Ihnen nicht spurlos -

Maske: Lassen wir's.

Mohler: Mir scheint, der Esel verlangt nach Futter -

Quest: Du bleibst.

Maske: Ein Eingeweihter mehr. Doch müssen Sie entscheiden.

Quest: Er ist vertrauensvoll.

Maske: Ein Mann wie Sie sollte nie Vertrauen schenken.

Quest: Mit wem habe ich -

Maske: Nicht doch. Spielregeln sind nun mal ausgemacht.

Quest: Wir haben nie -

Maske: Es genügt, wenn ich sie beachte. Und meine Identität ist niemals von Belang. Ich bin, mit Verlaub, sozusagen, austauschbar.

Quest: Ach -

Maske: Kommen wir zur Sache. Sie wollen Kuhlau ausgeliefert haben?

Quest: Ach -

Maske: Gut. Dann gehe ich. Mein Gang war umsonst.

Quest: Bleiben Sie!

Maske: Also?

Quest: Ich gebe zu, daß er meinen Plänen - hm - etwas hinderlich ist.

Maske: Es wird in Kürze vor dem Landhaus zu einer weiteren großen Kundgebung kommen. Wobei die Bauern -

Quest: Aber die Polizei -

Maske: Wird nichts ausrichten, da sie Ordre hat, nicht einzugreifen.

Quest: Hören Sie mal. Wer ist denn da der Chef?

Maske: Nicht jeder Schreibtischtäter erwirkt auch, was er will, geschweige denn, was er befiehlt.

Quest: Das wäre gleichsam eine Verschwörung. Schlimmer noch, ein Volksaufstand. Ungeheuerlich -

Maske: Mit Verlaub.

Quest: Und Sie sagen das so ruhig daher - ? Zwanzig Jahre hatten wir -

Maske: Die Zeiten ändern sich.

Quest: Und wir uns in ihnen.

Maske: Bildungsballast. Antike Sprüche helfen uns nicht weiter. Ich will wissen, was Sie mir konkret für meine Informationen bieten.

Quest: Also doch Erpressung.

Maske: Ihr Ministerpräsident verfügt immerhin über ein gewaltiges Landgut mit Jagdrevier, Hallenbad, Gewächshaus, Wagenpark -

Quest: Wann soll dies sein mit dem Landhaus?

Maske: Und das Geschäft?

Quest: Es geht mir alles zu schnell. Erstens brauche ich mehr Zeit. Zweitens müßte ich dringend klarere Informationen haben. Und etwas nicht Unerhebliches: auch Verräter müssen ihre

	Identität preisgeben, soll man ihnen Glauben - ich sage klar: Glauben, nicht Vertrauen - schenken. Sie sagten selbst -
Maske:	Ich sagte schon: die Spielregeln! Ohne Regeln wäre es zu leichtes Spiel. Nein, mein Herr. Ich weiß, daß Ihre Tage gezählt sind, wenn ich jetzt gehe und Sie nicht auf mein Angebot einsteigen wollen. Wieso soll ich dann noch meine Identität preisgeben? Kopflos. Bitte, im Doppelsinn des Wortes.
Quest:	Was meinst du?
Mohler:	Ich denke, ich würde die Bedingungen annehmen.
Quest:	Von Bedingungen war schon gar nicht die Rede. Also. Angenommen, Sie hätten Recht, was immerhin noch zu bezweifeln ist. Dann wäre, sozusagen, ein Aufstand geplant vor dem Landhaus unter der Führung Kuhlaus.
Maske:	Aufstand ist nicht genau. Ein weiterer Massenaufmarsch, der gewisse Folgen zeitigen könnte. Das Ausland ist schließlich auch nicht untätig.
Quest:	Wieder sehr diplomatisch. Und was erwarten Sie von mir?
Maske:	Ordre, was zu tun sei.
Quest:	Aha.
Maske:	Oder anders ausgedrückt: Zusammenarbeit.

Quest:	Auch eine Form von Arbeit, die wohl ihren Preis hat. Ohne Preis kein Fleiß.
Maske:	Ein wahrer Satz. Ich könnte Ihnen zum Beispiel aus erster Hand Material liefern, mit dem Sie Kuhlau - Sozusagen.
Quest:	Das war noch nie -
Maske:	Vertrauen ist nicht Ihre Stärke?
Quest:	Ich sagte ja -
Maske:	Natürlich. Glauben, nicht Vertrauen. Wortklauberei.
Quest:	Nennen wir's Geschäft.
Maske:	Endlich sind Sie realistisch.
Quest:	Und wenn's nur Neugier wäre. Laß uns allein.
Mohler:	Raubvögel singen nicht.

5. Szene

(Es läutet.)

Kuhlau:	Das sind meine Leute.
Claudia:	Ich dachte, du wolltest gehen.
Kuhlau:	Ich muß dich dringend bitten, jetzt zu gehen. Sonst -
Claudia:	Du drohst mir?

(Kuhlau geht zur Türe hinaus, Claudia öffnet den Sekretär und entnimmt ihm einen Stoß wichtiger Dokumente.)

Claudia: Das muß genügen. Wenn er mir nur glaubt. Doch da kommen sie bereits. Ich muß mich beeilen, sonst schöpft er noch Verdacht.

Kuhlau: Bitte. Setzt euch hin. - Du bist noch hier?

Claudia: Ich bin schon unterwegs.

Langger: Wohin so eilig? Ihre Schönheit kann uns niemals in Abwesenheit entzücken.

Claudia: Sie sind zu schmeichelhaft. Meine Herren -

(Langes und betretenes Schweigen.)

Kuhlau: Setzen wir uns. Etwas zu trinken?

Langger: Nein, danke.

Orsow: Nein.

Notter: Etwas später, vielleicht.

Breder: Ich hätte gerne -

Kuhlau: Gut. Halten wir fest: so geht es nicht.

Langger: Du sagst das so leichthin.

Orsow: Wie viele Male haben wir diesen Satz schon gehört -

Breder: Oder selbst schon geäußert.

Notter: Eine schöne Frau, die Claudia.

Langger: Die Quantität einer Äußerung spricht nicht für deren Richtigkeit.

Kuhlau: Natürlich nicht, Herr Minister. Aber du erinnerst dich, wir haben noch in jedem unserer Gespräche festgehalten, daß wir mit den jetzigen Zuständen nicht zufrieden sind, nicht mehr weiterkommen. Weder privat noch politisch.

Notter: Die Öffentlichkeit ist zu wenig sensibilisiert. Ich als Propagandaminister meine -

Kuhlau: Wie weit muß es noch gehen? Alle warten auf den nächsten Einsatz der Sicherheitskräfte, und die nächsten Toten sind vorprogrammiert.

Langger: Wo siehst du das Grundübel?

Kuhlau: Schau. Bereits der Gewerbeverein hat bekräftigt, daß er die staatlichen Richtlinien nicht mehr goutiere. Und der Gewerbeverein setzt sich, vorsichtig ausgedrückt, aus eher konservativen Kreisen zusammen. Die Moral von Ruhe und Ordnung wird an oberster Stelle in ihrem Vokabular gepflegt.

Orsow: Zudem haben sie in ihren Verlautbarungen bekräftigt, sie wollten auch andere Leute des allgemeinen Vertrauens aus den übrigen Klassen -

Notter: Wenn ich das Wort nur schon höre.

Orsow: So abwegig ist dies nicht. Ich habe viele Stimmen bei meinen Kollegen in der Ärzteschaft gehört, die genau dieser Ansicht sind. Die Meinung der Ärzte gilt viel, der Stand hat großes Ansehen bei der Bevölkerung. Die Ansammlung vor dem Landhaus hat dies gezeigt. Wie ist die Stimmung im Ausland, Langger?

Langger: Meine Kollegen in den Außenministerien halten
                sich zurück. Man glaubt noch nicht recht an den
                Erfolg einer Opposition, hat auch das Gefühl, der
                Machteinsatz der Polizei verhindere vorläufig
                eine flächenmäßige Ausdehnung. Vor allem, so
                lange die Opposition eher auf städtische Kreise
                beschränkt ist.

(Meuner tritt ein.)

Meuner: Entschuldigt die Verspätung. Ich bin aufgehalten
                worden.

Orsow: Hoffen wir, der Aufenthalt hat sich gelohnt.

Meuner: Wie meinst du das?

Orsow: Warum gleich so aufgebracht? Man wird doch
                fragen dürfen. Ein Scherz ist auch in ernster
                Lage nicht verboten.

Meuner: So? Ein Scherz?

Orsow: Geplänkel lassen wir. Fahr du fort, Kurt.

Kuhlau: Die Studentenvertreter haben bedeutet, es wäre
                sehr erwünscht, wenn man sich allgemein mehr
                auf Äußerungen des Volkswillens berufen
                könnte.

Langger: Das war auch der Inhalt der von ihnen verfaßten
                Petition, der sie durch massenhaftes Erscheinen
                vor dem Sitzungssaal des Parlaments
                Nachdruck verleihen wollten. Daß der Staatsrat
                das Gebäude in der Folge derart massiv räumen
                ließ, konnte niemand ahnen.

Meuner: Was hätte man dagegen tun können? Gewehre und Knüppel sind jedem Geist überlegen.

Kuhlau: Ein gefährlicher Satz. Vor allem unter Intellektuellen.

Meuner: Willst du das Gegenteil behaupten?

Kuhlau: Nein. Im übrigen hast auch du deine Fabrikanlagen durch die Polizei schützen lassen, um die Arbeiter einzuschüchtern. Du wolltest verhindern, daß sie in Ausstand treten. Aber du weißt ebenso, daß Gewalt niemals den Geist bezwingen kann. Das ewige Paradoxon.

Orsow: Die Studenten sind doch auch in die Vororte und Vorstädte gegangen, um die Bevölkerung zu mobilisieren.

Kuhlau: Das Konzept ging nicht auf. Die Studenten wollten in ihrer Arroganz die Gewerbetreibenden, die Handwerker und Arbeiter nur als Hilfstrupp verwenden. Aber diese Gruppen waren nicht gewillt, nur als Statisten zu dienen. Verständlicherweise.

Breder: Also auch intern die Machtverteilungsstrukturen.

Kuhlau: Logischerweise. Wo keine oder noch keine Ordnung vorgegeben ist - auch zwangsweise verordnete - , muß sie erst geschaffen werden.

Meuner: Ein permanenter Machtkampf. Ordnung schaffen heißt aber auch Gegengewalt erzeugen.

Kuhlau: Wo es Vorteile und Nachteile zu verteilen gibt, wird es immer Neider haben.

Langger: Solange die Bauern meinen, die Preßfreiheit gehe sie nichts an, weil sie keine Weingärten besäßen, ist kein Staat zu machen.

Notter: Was schlägst du also vor? Was sollen wir unternehmen?

Langger: Es ist schwierig, wenn das Volk einfach vor dem Landhaus verharrt, ohne einig zu sein, ohne auch nur einen gemeinsamen Beschluß fassen zu können.

Meuner: Oder zu wollen.

Kuhlau: Was meinst du damit?

Meuner: Es kann sich in seiner Rolle auch gefallen. Einfach ein bißchen zusammensitzen. Unterhaltungswert. Keine bestimmende Absicht im Hintergrund. On s'amuse.

Langger: Das Volk als Stellvertreter des Staatsvorsitzenden.

Kuhlau: Warum nicht? Ist es nicht so definiert im Gewohnheitsrecht?

Notter: Welcher Zynismus.

Orsow: Realitäten scheinen manchmal ihrer Natur nach zynisch zu wirken. Wie reagiert der Staatsvorsitzende? Breder, hat er dir besondere Aufgaben übertragen?

Breder: Logischerweise. Sämtliche Beamte des
                Sicherheitsdienstes seien in erhöhte
                Alarmbereitschaft zu versetzen.
Orsow: Und? Hast du dies befolgt?
Breder: Natürlich.
Meuner: Was bedeutet dies?
Breder: Nichts. Im Rahmen von nationalen Übungen
                geschieht dies mehrmals jährlich, auch ohne
                äußere Gründe.
Kuhlau: Heißt dies, daß die Beamten automatisch zum
                Eingreifen gezwungen sind? Ohne deine
                Befehlsausgabe?
Breder: Eben nicht.
Meuner: Wie hast du das Nichteingreifen begründet?
Breder: Ich habe dem Kader erklärt, daß wir eine neue
                Taktik ausprobierten. Nur so könnten wir die
                Gegner aufs neue verunsichern.
Kuhlau: Ein kluger Entschluß.
Orsow: Und einleuchtend dazu.
Kuhlau: Dennoch: denkt daran, wir müssen immer darauf
                bedacht sein, daß das saubere Antlitz unserer
                Revolution nicht besudelt wird.

6. Szene

(Claudia tritt wieder ein. Sie erscheint erstaunt.)
Kuhlau: Du bist noch nicht weg?

Claudia: Nein, wie du siehst. Wieder eine konspirative
                Sitzung?

Kuhlau: Du solltest nicht so reden. Es könnte dich
                jemand hören.

Claudia: Wohl die Herren hier. Meine Frage wird inhaltlich
                weniger brisant sein als das, was ihr vor meiner
                Ankunft besprochen habt.

Kuhlau: Da waren wir unter uns.

Claudia: Auch eine Antwort.

Langger: Sie sehen heute wieder unübertroffen charmant
                aus.

Claudia: Sie alter Heuchler gehörten abgehalftert. Wollen
                Sie partout von der Sache ablenken?

Langger: Nicht im mindesten. Aber ich denke, wir sollten
                jetzt gehen.

Meuner: Unbedingt. Ich dachte nicht, daß es schon so
                spät ist.

Claudia: Lassen Sie sich nicht aufhalten.

(Während Claudia die einzelnen Herren verabschiedet, stellt sich
                Meuner zuhinterst in die Reihe. Er bekommt von
                Claudia einen dicken Brief.)

2. Akt

1. Szene

Monika: Als was gehst du hin?

Kuhlau: Eine dumme Frage, Monika.

Monika:	Wer verliebt ist, darf dumme Fragen stellen.
Kuhlau:	Du bist verliebt?
Monika:	In deine braunen Augen. Würde ich sonst Fragen stellen?
Kuhlau:	Ich gehe überhaupt nicht hin.
Monika:	Ich glaub dir nicht.
Kuhlau:	Heute scheine ich einen schlechten Tag zu haben.
Monika:	Warum?
Kuhlau:	Deine blauen Augen verraten mir, daß du mir nicht glauben willst.
Monika:	Deine Autorität ist hin.
Kuhlau:	Ich weiß, ich habe mich noch nicht rasiert.
Monika:	Das kommt davon, wenn man in fremden Betten -
Kuhlau:	Bin ich schuld?
Monika:	Als Jungfer Monika müßt ich sagen, ja...
Kuhlau:	Oho. Jungfer. Jungfer. Blaue Augen - Himmelsaugen. Braune Augen - Liebesaugen.
Monika:	Ich liebe solche Scherze nicht.
Kuhlau:	Dein Name sagt, daß du einsam bist.
Monika:	Die Herkunft ist nicht geklärt. Vielleicht sollte ich dich auch ermahnen, dann verlassen.
Kuhlau:	So hättest du beide Varianten erfüllt.
Monika:	Oder keine.
Kuhlau:	Wie meinst du das?

Monika:	Komm, laß uns lieben, es bleibt nicht viel Zeit, das Genüßliche in sich aufzusaugen.
Kuhlau:	Wenn ich sterbe, bist du ein Mahnmal für diese Welt.
Monika:	Jetzt lebe erst. Du mit deinen düstern Augenblicken.
Kuhlau:	In einem Augenblick kann ein Haus einstürzen. Ich komm damit nicht zurecht.
Monika:	Du hast meine Frage nicht beantwortet.
Kuhlau:	Alle Fragen sind frei. Aber auf schnelle Fragen gib langsam Antwort.
Monika:	Als was gehst du hin?
Kuhlau:	Natürlich. Wer verliebt ist -
Monika:	Den Satz hast du einst geprägt. Aber jetzt - ? Traurige Zeiten.
Kuhlau:	Wieso?
Monika:	Damals warst du für den Menschen, hast nicht Ereignissen nachgetrauert. Warst vernünftiger.
Kuhlau:	Jetzt nicht mehr?
Monika:	Ich denke nicht.
Kuhlau:	Im Augenblick? Da mir deine Nähe etwas bedeutet? Da mir dein Körper Wärme gibt? Da ich mich zu Hause fühle, wenn du deinen Busen an mich drückst? Schau, Energie ist das einzige Leben und stammt vom Leib; und Vernunft ist die Schranke oder die äußere Begrenzung der Energie.

Monika: Du spielst mir dauernd etwas vor.

Kuhlau: Ich weiß es nicht. Ist es so?

Monika: Ich spüre es. Mein Magen täuscht mich nicht.

Kuhlau: Ein guter Magen verdaut auch harte Brocken.

Monika: Süß und sauer. Ich spür es allemal. Doch die Antwort jetzt.

Kuhlau: Als Harlekin mit drei weißen Masken im Gesicht.

Monika: Da kennt dich jeder gleich.

Kuhlau: Man soll die Meinung nie verleugnen.

Monika: So seid ihr wieder unter euch. Es wäre noch die Möglichkeit, wenn -

Kuhlau: Du verstehst das nicht. Wir wollen einen Ungetreuen unter uns entlarven.

Monika: Einen Ungetreuen - ?

Kuhlau: Ja, es gibt eine Lücke, ein Loch. Es ist jemand unter uns, der schnöden Verrat übt.

Monika: Ach. Und deshalb - ?

Kuhlau: Genau. Wir wissen aber nicht, wem er zuzuordnen ist.

Monika: Dem Sicherheitsdienst?

Kuhlau: Nein. Auf Breder ist Verlaß. Dennoch: jede Konferenz wurde verraten. Er ist also im engsten Kreis.

Monika: Deine Frau - ?

Kuhlau: Bitte, Monika.

Monika: Du hast schließlich schon gesagt -

Kuhlau: Ich habe mit Claudia neun Kinder gezeugt.

Monika: Keine Kunst.

Kuhlau: Bitte, Monika.

Monika: Entschuldige. Aber Kinderkriegen und Verräterei? Das ist zweierlei.

Kuhlau: Ich habe sie auch geliebt.

Monika: Das ist nochmals etwas anderes.

Kuhlau: Eben.

Monika: Und mich?

Kuhlau: Was?

Monika: Liebst du mich auch?

Kuhlau: Eine schwierige Frage in diesem Zusammenhang. - Und zu dieser Zeit.

Monika: Eine Rechtfertigung für deine Anwesenheit in meiner Wohnung wenigstens?

Kuhlau: Monika! Soll ich dir eine Erklärung geben? Ja? Ich liebe dich. Komm zu mir her. Ich gebe dir einen Kuß und bezeuge es vor Gott. Aber was ist dabei mit dem Volk? Ich betrüge es! Ich schlafe hier in deinem Bett mit dir, bewundere deinen herrlichen Körper und - verrate die Revolution.

Monika: Schlafen muß der größte Revolutionär. Schau nur Danton an.

Kuhlau: Ich mag ihn nicht, den Vergleich. Der große Revolutionär teilt nicht das Bett mit einer Frau, mit der er seine eigene Ehefrau betrügt. Nein. Der große Revolutionär ist ein Obdachloser, der nie das kleinste Präsent annehmen darf, der dauernd auf die Wege der sogenannten Staatsdiener spucken muß, damit sich die Infektionen und Geschwüre permanent wie Maden im verdorbenen Fleisch vermehren können.

Monika: Unsinn. So mag die eitrige Phantasie eines Primaners die Geschichtsbücher auslegen. In Wirklichkeit ist jeder Revolutionär ein Biedermann gewesen. Zum Helden wird er erst im nachhinein erhoben.

Kuhlau: Oder zum nationalen Mythos.

Monika: Was auf dasselbe hinausläuft.

2. Szene

Quest: Wo soll dieses Ereignis stattfinden, sagten Sie?

Maske: Im Haus zur nationalen Befreiung.

Quest: Und Kuhlau wird erscheinen?

Maske: Garantiert.

Quest: Woher wissen Sie dies alles?

Maske: Würden Sie Ihre Quellen verraten?

Quest: Ich bin Staatsvorsitzender, kein Verräter.

Maske: Ich auch nicht.

Quest: Was denn sonst?

Maske: Sagen wir: ich bin Geschäftsmann.

Quest: Mit beschränkter Haftung.

Maske: Sozusagen.

Quest: Im Grunde genommen sollte man mit Leuten wie Ihnen nicht reden, sondern kurzen Prozeß machen.

Maske: Diese Ansicht vertritt das Volk auch über Sie.

Quest: Was erlauben Sie sich? Frechheit. Polizei und Partei sind meine geschichtlich begründete Vollmacht.

Maske: Sollten wir nicht zur Sache kommen?

Quest: Ein Maskenball also. Verrückt. Und der Zweck?

Maske: Offiziell sollen die Eintrittskarten dem Bethanienheim zugute kommen.

Quest: Offiziell. Es steckt noch etwas dahinter?

Maske: Muß wohl; denn man veranstaltet ja nicht im September einen Maskenball, ohne eine bestimmte Absicht damit zu verbinden.

Quest: Sehr wahrscheinlich.

Maske: Eben.

Quest: Reden Sie endlich, Mann. Muß man jedes Wort einzeln aus Ihnen herausholen? Es wäre leicht, Sie arretieren und mit andern Methoden befragen zu lassen.

Maske: Dann würden Sie Kuhlau nicht bekommen.

Quest: Ich höre.

Maske: Der Maskenball, so scheint es, dient konspirativen Zwecken. Es sollen Leute über entsprechende Chargen und Funktionen instruiert werden. Nur dank dem bunten Treiben ist es möglich, den Sicherheitsdienst auszutricksen.

Quest:	Wie viele Leute werden erwartet?
Maske:	Das ist nicht bekannt.
Quest:	Auch die Namen nicht? Ich meine, außer Kuhlau.
Maske:	Die engsten Vertrauten werden ihn begleiten. Kurz vor zehn Uhr werden sie den Ballsaal verlassen, um auf der Galerie zusammenzutreffen. Dann brauchen Sie nur zuzuschnappen.
Quest:	Wer sind die engsten Vertrauten?
Maske:	Sie wollen jetzt schon Namen hören?
Quest:	Natürlich, was denn sonst?
Maske:	Das ändert aber mein Gehalt beträchtlich.
Quest:	Das sehe ich nicht ein.
Maske:	Doch. Bis anhin war lediglich die Rede von Kuhlau.
Quest:	Kuhlau nützt mir nichts allein, wenn man nicht das ganze Wespennest vernichtet.
Maske:	Die andern sterben ab, wenn's Winter wird. Die Königin allein genügt.
Quest:	Namen!
Maske:	Erst das Honorar.
Quest:	Wieviel?

Maske: Fragen wir anders: Wieviel sind Ihnen diese Namen wert?

Quest: Sie sind -

Maske: Ja?

Quest: Nun gut. Ein Gewächshaus dazu.

Maske: Und wo soll der Gärtner wohnen?

Quest: Es täte Ihnen gut, die Dreckarbeit selbst zu besorgen.

Maske: Doch nicht diese. Es gibt so viele - andere. Ein Gärtnerhaus mit Personal dazu. Man muß viele Pflanzen züchten.

Quest: Murrend nur. Doch jetzt die Namen.

Maske: Da ist Langger.

Quest: Der Außenminister?

Maske: Genau der. Und Notter.

Quest: Der Propagandaminister. Den hatte ich schon lange im Verdacht. Ein unangenehmer Mensch. Schon seine Nase - Wer noch?

Maske: Ein Industrieller, Namens Meuner.

Quest: Kenn ich nicht. Ist der gefährlich?

Maske: Schwierig einzuschätzen. Eher nicht. Doch Kuhlaus Freund, Dr. Orsow, Vorstandsmitglied in der Akademischen Legion und Sanitätsreferent im Ministerium des Innern. Sie wissen, daß -

Quest: Ja, er hat bei der Kundgebung vor dem Landhaus eine Brandrede gehalten.

Maske: Genau. Ein Mann von messerscharfem Verstand und nicht zu unterschätzendem Einfluß. Dann noch -

Quest: Ja?

Maske: Breder.

Quest: Nein.

Maske: Wenn ich es sage.

Quest: Der Chef des Sicherheitsdienstes. Allerhand. Wenn dies alles nicht stimmt, haben Sie sich die Gebäulichkeiten ring verdient.

Maske: Immerhin setze ich mein Leben aufs Spiel.

Quest: Bei einem Hasardeur ist das Leben kein hoher Einsatz beim Spiel.

Maske: Ich zögere jetzt, Ihnen diese Dokumente auszuhändigen.

Quest: Dokumente?

Maske: Direkt aus dem Schreibtisch Kuhlaus.

Quest: Zeigen Sie her! Wie kommen Sie dazu?

Maske: Das Problem des Hasardeurs, der sich sein Leben nicht allzu leicht verdient. Ich empfehle mich.

Quest: Rufen Sie meinen Sekretär, wenn Sie hinausgehen, er wird eh an der Türe horchen.

3. Szene

Quest: Was wohl in diesen Dokumenten steht? Mal sehen. Hier ein Brief. Unerhört! „Der

Staatsvorsitzende" - das bin wohl ich – „erstes Mitglied vom doppelten Mopsorden, macht sich zum Ritter vom heiligen Geist und läßt alle arretieren, und das Volk glaubt, es geschehe alles aus Religion und Christentum und klatscht in die Hände." Unglaublich.

Mohler: Sie ließen mich rufen?

Quest: Hör dir dies an: „Übrigens, um aufrichtig zu sein, Sie und Ihre Freunde scheinen mir nicht gerade den klügsten Weg gegangen zu sein. Die Gesellschaft mittelst der Idee, von der gebildeten Klasse aus reformieren? Unmöglich! Unsere Zeit ist rein materiell, wären Sie je direkter politisch zu Werk gegangen, so wären Sie bald auf den Punkt gekommen, wo die Reform von selbst aufgehört hätte. Sie werden nie über den Riß zwischen der gebildeten und der ungebildeten Gesellschaft hinauskommen." Staatszersetzend, diese Ideen.

Mohler: Wer schreibt das?

Quest: Kuhlau.

Mohler: Original?

Quest: Handschriftlich.

Mohler: Damit haben Sie ihn in der Hand.

Quest: Ob's reicht für eine Verurteilung?

Mohler: Gerichtsverhandlungen sind schließlich nicht öffentlich. Noch nicht.

Quest: Male nicht den Teufel an die Wand. Du rufst zwei Dutzend der vertrauenswürdigsten Polizisten zusammen und begibst dich in Zivil punkt zehn Uhr zum Haus der nationalen Befreiung, wo ein Maskenball stattfindet. Dort riegelt ihr die beiden oberen Eingänge ab und verhaftet Kuhlau, Langger, Notter, Meuner, Breder und Dr. Orsow.

Mohler: Einfacher gesagt, als getan.

Quest: Wieso?

Mohler: Erstens ist es, sagten Sie, ein Maskenball.

Quest: Ja, und?

Mohler: Das wird wohl heißen, daß die Teilnehmer eben maskiert erscheinen.

Quest: Logisch.

Mohler: Wie sollen wir sie also erkennen können?

Quest: Indem ihr ihnen die Masken abnehmt.

Mohler: Bei einigen hundert Teilnehmern?

Quest: Quatsch! Ich sagte ja, daß ihr nur die beiden Eingangstüren abzuriegeln hättet. Die Verschwörergruppe befindet sich zu diesem Zeitpunkt auf der Galerie. Alle schön zusammen.

Mohler: Dann erübrigt sich auch die zweite Frage: Wer ist Meuner?

Quest: Eben. Ich kenne ihn auch nicht, aber wenn er dabei ist, werden wir ihn bald kennenlernen.

Mohler: Ein guter Plan.

Quest: Könnte von mir sein.

4. Szene

(Im Hintergrund Ballgeräusche der tanzenden Masken. Im Vordergrund die Galerie. Kuhlau als Harlekin, begleitet von Orsow.)

Kuhlau: Ein schönes Gefühl, ein solcher Ball, wenn nicht die Revolution dazwischen wäre.

Orsow: Und der Verrat.

Kuhlau: Man liebt den Verrat, aber nicht den Verräter.

Orsow: Deine Maske nützt dir nichts, sagte der Fuchs zum Esel, der sich in eine Löwenhaut gehüllt hatte, man kennt dich an der Stimme.

Kuhlau: Du hast recht. Mir gefallen nicht alle Masken.

Orsow: Wie meinst du das?

Kuhlau: Eine jämmerliche Maskerade! Du siehst nur das Elend des verblichenen Glanzes, der verflossenen Heiterkeit. Zu Ende ist der Hochmut, der Triumph, die Herrlichkeit! Der Freudenschrei hat sich selbst vernichtet. Alles lacht, und dennoch ist in jedem Winkel des Gemäuers die Trübsal zu spüren.

Orsow: Pessimist.

Kuhlau: Schau sie dir an, diese jämmerlichen Figuren. Alles verkommene Schauspieler eines phantastischen Theaters. Nichts als Marionetten.

Orsow: Behalte deine Sinne, Kurt.

Kuhlau: Im Grunde ist es Widersinn: wenn du bedenkst, was für Todsünden und Verbrechen unter der Maske ausgeheckt, begangen und durch sie gedeckt worden sind. Feigheit, Gaunerei, Egoismus, Ausbeutung, Ungestraftheit, Schwindel, Flucht, Verrücktheit, Grausamkeit, Stanismus, Beißen, Krallen und andere Weiberwehr.

(Notter und Langger kommen hinzu.)

Notter: Da seid ihr ja. Ein schöner Harlekin!

Kuhlau: Neid macht Leichen, Basti. Und ihr! Ein Henker und ein Teufel, eine groteske Bande. Aber ihr macht euch gut inmitten der armen Schlucker, Spinnen, Mistkäfer, Nymphen, Hetären, Irren, Prälaten, Lurche, Leichenträger, Lustmolche und Lampenanzünder.

Langger: Was ist in dich gefahren, Kurt?

Notter: Er redet irr.

Orsow: Erwin, laß ihn reden. Da kommt Breder.

Kuhlau: Auf zum Tanz! Hier kommt der Mann, der im Dienst ergraute Alte, der vom Joch übertriebener Ehrungen Gebeugte. Nun ist er bunt, entflammt und von den konservierenden Salzen der hohen See eingemacht und phosphoriert, vom Wellengang geprägt, von der Unruhe bedrückt und von den Merlanen der tiefen See geplagt.

Notter: Es fehlt jetzt nur noch Meuner.

Orsow: Ich fürchte, er kommt nicht.

Langger: Du willst doch nicht -

Breder: Er?

Kuhlau: Doch, dieser Flohfresser. Abduschen hätte ich
               dieses Hasenherz sollen. Wie mir erst das Licht
               aufgeht. Die sterile Unruhe schärft die unguten
               Gefühle. Natürlich. Er und Claudia. Deshalb
               diese Szenen. O, Peter, und du hast mich
               vernebelt, weil du mir gut zureden wolltest.
               Siehst du denn nicht diese abgrundtiefen -

Langger: Was war das? Diese Stimme, so schneidend kalt,
               befehlend und so schleimig. Mensch, Verrat -

Notter: Ja, er ist's. Nur nichts wie weg.

Breder: Mohler?

Notter: Wir sind eingeschlossen. Gehen wir in den Saal
               zurück. Mischen wir uns unter die andern.

Orsow: Und versuchen, uns durch die Fenster zu retten.

Langger: Verdammt!

Kuhlau: Was ist?

Langger: Die Türen sind von innen verriegelt. Wir können
               nicht hinein.

Kuhlau: Noch bin ich Abgeordneter des Landhauses.
               Man kann mir nichts anhaben.

(Mohler erscheint mit einigen Polizisten in Zivil.)

Mohler: Na, meine Herren? Nicht zu kühl hier draußen?
               Oh, soviel Prominenz auf einen Blick. Drei

	Minister, ein Abgeordneter und ein Referent des Ministeriums des Innern.

Kuhlau: Oh, soviel Waffengewalt und Schmiererei auf einem Treppenhaus.

Mohler: Ich erkläre hiermit, daß Sie im Namen des Staatsvorsitzenden festgenommen sind.

Kuhlau: Du Räuber, rief der Fuchs, als der Marder mit einem Huhn kam.

Breder: So einfach geht es nicht. Ich habe Order -

Mohler: Ihre Order ist seit heute nachmittag ein alter Hut.

Kuhlau: Als Abgeordneter des Landhauses bin ich immun.

Mohler: Ihre Immunität steht nicht zur Debatte. Sie ist nur vorübergehend aufgehoben.

Kuhlau: Und wer - ?

Mohler: Per Dekret des Staatsvorsitzenden. Also, Leute. Abführen! Aber vorsichtig behandelt. Es soll mir keiner Grund zur Klage haben. Setzen Sie Ihre Masken wieder auf. Es gibt weniger Aufruhr.

(Monika erscheint auf der Treppe.)

Kuhlau: Monika!

Monika: Kurt!

Kuhlau: Rette dich! Wir sind verraten!

(Sie springt durch die Glastüre auf die Terrasse hinunter.)

Mohler: Ihr nach.

3. Akt

1. Szene

(Kommt vom Verhör zurück.)

Langger: Wie war das Verhör?

Kuhlau: Ich habe ein Gefühl von großer Glückseligkeit erlebt.

Langger: Glückseligkeit! Wenn ich das Wort nur schon höre. Es kotzt mich an.

Orsow: Wer glückselig ist, hat viele Freunde.

Kuhlau: Glückseligkeit hat auch mit Moral zu tun. Und mir scheint, daß unser Zustand nicht darauf hindeutet, daß wir uns der Glückseligkeit würdig erweisen. Denn unser Zustand ist wohl eher amoralisch.

Orsow: Schon besser. Ich stimme auch nicht mit dem höchsten Gut überein.

Kuhlau: Was ist schon höchstes Gut im Zeitalter der Rechtlosigkeit. Und Moral geht seit Jahrhunderten auf den Strich, eine Hure, seit die Welt besteht. Unsere Welt ist eine mechanische Wucherung, ein kompakt-undurchdringliches Chaos, für jeden Menschen ein Abgrund, ein verschlingender Schlund. Und jeder, der sich in dieser Welt bewegt, ist ein Opfer, ein hilfloses Opfer. So gehst du durch unentrinnbare Labyrinthe. Und die Welt des Geistes ist ein

Geschwür, und die Moral gleicht darin einer Kloake. Die unterirdischen Gänge sind unentwirrbar. Keller und Kammer stinken moralisch nach Seelenmief. Vermutlich müßte der Erdboden einstürzen, damit eine neue Entwicklung erst möglich wäre, damit etwas Neues aufgebaut werden könnte.

Langger: Ein neues Chaos?

Kuhlau: Die Welt ist eine höllische Strafanstalt. Wie sagte Robespierre? Die Tugend und der Terror sind die Triebfedern der Revolution. Unsere Realität ist ein Zerrbild, Verfestigung ist eines, aber Verwilderung folgt auf dem Fuß.

Notter: Du scheinst ein sehender Blinder.

Kuhlau: Nein. Aber die Gefahr ist groß, daß der Geist der Befreiung umschlägt in Angst und Terror. Das wußte Robespierre.

Breder: Und hat es wissentlich gefördert.

Kuhlau: Logischerweise. Denn er wußte auch, daß jeder, der das Räderwerk nicht selbst bedient, in die ganze Mühle kommt.

Langger: Du befürwortest die Guillotine.

Kuhlau: Kreis und Quadrat, das sind die Buchstaben des Alphabets. Die Ästhetik des Fallbeils ist dadurch bestimmt. Ein messerscharfer Rundbogen. Ich gebe zu, es klingt als Hymne; doch bedenke, das Exekutionsinstrument verbirgt diese

Tatsache allerdings. Immerhin: der geometrische Geist gelangt mit diesem mechanischen Tagesvollzug zur äußersten Konsequenz.

Breder: Eine eher zynische Lebensauffassung, wie mir scheint.

Kuhlau: Nein. Der Zugang zur Realität.

Langger: Du betreibst Zweckpessimismus.

Kuhlau: Irrtum. Schau dir diesen Raum an. Eine immense Architektur für einen puren Unsinn. Sie werfen dich in diese nasse Kälte und konfrontieren dich gleichzeitig mit etwas Faszinierendem. Diese Kuppel, die alles abschließt und überhöht. Und darunter ein düsteres Labyrinth von Gängen, in deren Nischen die Toten ihr infernalisches Gelächter eingezogen haben, millionenfaches Echo entfaltend. Diese Kuppel, diese gewaltige höhlenartige Kuppel, in die aus dem Scheitel ein Strahl Tageslicht eindringt. Auch das Inbegriff von Zynismus. Du hegst Hoffnung durch das Licht. Eine mächtige Kuppel, wie das Weltgebäude. Aber von außen siehst du nur den oberen Teil. Erschrocken weicht man beim Anblick dieser furchtbaren Wölbung zurück. Das Bild des Nichts soll dem Auge keinen Anhaltspunkt bieten: weder Wald noch Wiese, weder Tod noch Strom, und schon gar nicht die lebensspendende Gabe der Sonne.

Breder: Und der Strahl Tageslicht? Kein Hoffnungsschimmer?

Kuhlau: Nein. Eine Lügengeschichte: sie gaukeln dir etwas vor, was nicht ist. Trompe l'oeil. Du gelangst nie zum Licht. Bleibst ewig ein Gefangener. Auch ein Gefangener deiner selbst.

Orsow: Aber das Licht kommt zu dir, erhellt deinen Tag, deine düstern Gedanken. Damit schaffst du eine neue, eine andere Dimension der Naturordnung.

Wärter: (Schließt die Türe auf.) Das Essen kommt.

Kuhlau: Das ist Naturordnung der verkommenen Moral. Pünktlich zur Sekunde wirst du mit den Leichenteilen vollgestopft.

Breder: Schon wieder Blutwurst.

Langger: Welcher Mensch mag diesmal - ?

Wärter: Hochwertiges Produkt. Und viele Vitamine.

Kuhlau: Damit wird auch jeder produktive Gedankengang kaputtgemacht. Essen wir. Das Fressen kommt bekanntlich vor der Moral.

Langger: Wann serviert der Staat endlich einen anständigen Wein? Er muß nicht ganz so süß sein wie die Moral. Auch ein saurer Tropfen ist nicht zu verachten für den, der seit Jahren -

Wächter: Essen Sie jetzt, Ihre Reden sind nicht gefragt, sondern verkürzen meine Zimmerstunde.

Langger:	Wie war das jetzt mit dem Verhör?
Kuhlau:	Ich sage dir, zum Dessert werden wir gleich freigelassen.
Breder:	Und warum?
Kuhlau:	Weil sie Angst vor den Repressionen der Masse haben.
Orsow:	Du phantasierst.
Kuhlau:	Du wirst sehen. Mein Glaube an Monika ist untrüglich. Sie wird das richtige Maß an Unternehmergeist entwickeln.
Breder:	Und das belastende Beweismaterial?
Kuhlau:	Beweismaterial?
Langger:	Die beschlagnahmten Handschriften?
Kuhlau:	Waren doch abgeschriebene Auszüge aus Briefen Büchners!

(Gelächter.)

2. Szene

Meuner:	Du weißt, daß ich ab jetzt gezeichnet bin.
Claudia:	Warum?
Meuner:	Es ist Kurt klar, daß nur ich -
Claudia:	Unsinn. Woher sollte er - ?
Meuner:	Claudia! Begreifst du nicht? Ich bin nicht eingesperrt. Da braucht er nur zu subsummieren.
Claudia:	Also gibt's nur eins.
Meuner:	Und das wäre?

| Claudia: | Du mußt Quest ersetzen. |

Claudia:	Du mußt Quest ersetzen.
Meuner:	Ich - ? Quest - ? Du bist nicht ganz bei Sinnen, Claudia.
Claudia:	Du hast freien Zutritt. Demnach ist es dir unbenommen, den Staat von diesem Tyrannen zu befreien. Im Gegenteil, ein jeder wird's dir lohnen. Du hast dann mehr erreicht, als wenn du dich auf dein Landgut zurückziehst.

3. Szene

Quest:	Es geht nicht, geht nicht auf. Verdammt, wo bleibt mein Sekretär?
Mohler:	Sie verlangten nach mir?
Quest:	Wenn man dich braucht, bist du nicht da; wenn man dich nicht will, bist du aufdringlicher als ein geplatzter Sack mit Flöhen.
Mohler:	Sie sind nicht mit mir zufrieden, wie mir scheint.
Quest:	Wie meinst du das?
Mohler:	Wie ich es sagte.
Quest:	So?
Mohler:	Immer dieses Mißtrauen. Dabei sitzen alle hinter Schloß und Riegel.
Quest:	Genau daran liegt es. Es ist mir unbehaglich.
Mohler:	Wieso? Es müßte doch das Gewissen beruhigen, wenn man alle potentiellen Feinde -

Quest: Hör auf. Du hast selbst gesagt, daß vor dem Landhaus -

Mohler: Aber die Massen sind jetzt ohne Kopf. Nur der Rumpf der Hydra ist ein lächerliches Muskelgebilde, ohne physiologische Funktion.

Quest: Dennoch. Mir ist nicht wohl bei der Sache. Zudem wissen wir nicht, was dieser Maskenfritze tatsächlich im Schilde führt. Ich finde, wir sollten die ganze Führungsspitze wieder auf freien Fuß setzen.

Mohler: Das ist unlogisch. Seit geraumer Zeit versuchen Sie, diese Leute dingfest zu machen. Und jetzt, da sie endlich einsitzen, wollen Sie sie frei -

Quest: Genau in der unlogischen Handlungsweise liegt etwas, das sowohl Massen als auch Individualisten generell verwirren muß. Du solltest lernen, staatsmännischer zu denken.

Mohler: Ein Staatschamäleon kommt glücklich durch die Rebellion. Ich bitte dennoch um die Lektion.

Quest: Ich möchte es dir anhand eines Traumes der letzten Nacht erklären.

Mohler: Cognac?

Quest: Nein.

Mohler: Und für mich?

Quest: Nein. Der Traum ist kurz.

Mohler: Der Traum eines Weisen ist mehr wert als das Wachen eines Narren. Ich bin ganz aufmerksam.

Quest: Die vielen Leute hatten sich vor dem Landhaus versammelt, und immer mehr Massen ergossen sich durch die engen Gassen. Die Leute ohne Masken versammelten sich im Hof des Landhauses und davor. Die Leute mit den Masken strömten zum Haus der nationalen Befreiung. Ich stand hinter meinem Fenster und sah zu, wie von unbekannter Hand die unendlich scheinenden Ströme geteilt wurden. Als ich zufällig zum Himmel schaute, bemerkte ich über allen ein Skelett schweben. Es war ein grausiges Gebilde, das in den Armen eine riesige Sense schwang. Mit seinen überdimensionierten Froschtatzen stieß es jeweils an den Fassaden ab, die sogleich in Flammen aufgingen. Und der Mob war in panikartiger Fluchtbewegung von diesem Ungeheuer getrieben.

Mohler: Ein Albtraum.

Quest: Wem sagst du das. Aber über diesem Todesungeheuer leuchtete eine gleißende Sonne, die durch keine Rauchschwaden verdüstert wurde.

Mohler: Der Triumph des Todes.

Quest: Und jetzt kommt das Unerhörte: in den Flammen - du kennst die Geschichte vom Feuerofen! - formten sich unheimlich autoritäre Gestalten, die mit ihren feixenden Gesichtern die Menge in

Bann hielten. Sie schrien unaufhörlich auf mich
ein.

Mohler: Sie waren nicht mehr hinter dem Fenster?

Quest: Habe ich dies noch nicht gesagt?

Mohler: Nein, das hatten Sie verschwiegen.

Quest: Ich befand mich auf dem Balkon des Eckhauses,
wo sich die Menschenströme teilten.

Mohler: Was haben Sie mir sonst noch verschwiegen?

Quest: Eine kleine Unwesentlichkeit. Wie aus dem
Schaufenster eines Freudenhauses prostituierte
sich eine schöne Nackte, jung und blond, doch
niemand schien sich um sie zu kümmern. Dies
mag allerdings mit der Tatsache
zusammenhängen, daß neben ihr eine Art Tod
literweise Rotwein zum Fenster hinaus kotzte.

Mohler: Widerlich. Da würde ich mich ehrlicherweise
auch abkehren. Aber was sagten die
Übergeordneten?

Quest: Sie sagten: siehst du das Tier dort oben? Ich
schaute hin, und ich fand das Tier schrecklich
und stark. Es hatte große eiserne Zähne, es fraß
und zermalmte, und was übrigblieb, zerstampfte
es mit den Füßen. Und plötzlich wuchsen dem
Untier zwischen den zehn Hörnern zwei neue
kleine Hörner, die sich als Füße eines Throns
entpuppten. Auf diesen Thron setzte sich ein
Hochbetagter. Sein Gewand war weiß wie

Schnee und das Haar seines Hauptes rein wie Wolle; und plötzlich war sein Thron von lodernden Flammen umgeben, die Füße selbst riesige züngelnde Flammen, brennendes Feuer sogar. Ein Feuerstrom ergoß sich und ging von ihm aus.

Mohler: Wahrlich, das Jüngste Gericht.

Quest: Plötzlich wurde das Tier getötet, sein Leib vernichtet und dem Feuerbrand übergeben. Und den andern Tieren ward ihre Macht genommen und ihre Lebensdauer auf Zeit und Stunde bestimmt.

(Lange Pause.)

Mohler: Und jetzt?

(Lange Pause.)

Quest: Das habe ich mich auch gefragt.

(Lange Pause.)

Mohler: Schrecklich. Ich verstehe, warum ich keinen Cognac trinken durfte.

(Lange Pause.)

Quest: Nicht wahr?

(Lange Pause.)

Mohler: Also Ordre, die Leute freizulassen?

Quest: Ich denke, ja.

(Lange Pause.)

Quest: Worauf wartest du?

Mohler: Wie ging der Traum zu Ende?

Quest: Soll ich wirklich erzählen?

Mohler: Bis zum bittern Ende.

Quest: Dieses furchtbare Tier mit den eisernen Zähnen und den ehernen Klauen fraß und zermalmte alles, was sich nur finden ließ, zerstampfte das übrige mit den Füßen. Plötzlich riß es sein großsprecherisches Maul auf, so daß die verfaulten Zahnstümpfe sichtbar wurden, röhrte gewaltigen Ausmaßes und formulierte vernehmlich die Worte -

(Lange Pause.)

Mohler: Ja - ?

(Lange Pause.)

Quest: Halt ein Traum.

Mohler: Aber - ?

Quest: Ja. Ich will, daß du die Leute freiläßt.

Mohler: Es ist wider jegliche Vernunft.

Quest: Vernunft, mein lieber Mohler, ist der Buhle jeden Glücks, sie läßt sich leicht füllen und schwängern und gebiert schädliche Mißgeburten. Sie ist die Hure des Teufels. Wenn ich überleben will, muß das Unvernünftige herrschen.

(Lange Pause.)

Mohler: Ich -

Quest: Schweig. Ich geh jetzt schlafen.

Mohler: Vielleicht auch träumen - ?

4. Szene

Mohler:	Das bringt mich - Halt! Möglicherweise habe ich etwas übersehen. Wenn ich wüßte, wo er seine geheimen Notizen hat. Irgendwie kommen mir seine Träume bekannt vor. Ob er mir nur etwas vormacht? Nie ist klar, wo Irrsinn und Vernunft die Grenze haben.
(Es läutet.)	Wer mag dies sein? Ich muß alles ein wenig mehr in die Hand nehmen.
Maske:	Wo ist Quest?
Mohler:	Halt. Nicht voreilig. Ich denke, es gibt einiges zu klären.
Maske:	Gibt es das?
Mohler:	Die Entwicklung der Dinge - sagen wir es einmal vorsichtig - ist nicht dazu angetan, Ereignisse sich überstürzen zu lassen.
Maske:	Sie scheinen eingeweiht zu sein.
Mohler:	Wenn schon Ungeheuer mit vielen Hörnern und eisernen Zähnen in Erscheinung treten und das Geschehen maßgeblich beeinflussen, darf es auch der Fall sein, daß ein kleiner Sekretär der Weltgeschichte ein wenig Einhalt gebietet.
Maske:	Was sollen wir tun?
Mohler:	Sie gehen jetzt. Ich schaue, was sich machen läßt.

Maske: Wieder so ein Sekretär.

4. Akt

1. Szene

(Kuhlau schläft unruhig, schlägt aus, spricht im Schlaf.)

Monika: Was hast du? Du bist doch wieder frei.

Kuhlau: Schon wieder der Feind.

Monika: Du bist hier in Sicherheit.

Kuhlau: Sagst du. Wenn er dich nicht in Frieden schlafen
                läßt - ?

Monika: Es gibt hier keine Feinde.

Kuhlau: Im Schlaf verbreiten sie sich, sind immer in der
                Überzahl, und die Decke hindert dich am
                Weglaufen, so wirst du eingeholt.

Monika: Wirf die Decke weg. Der Ofen ist noch warm. So
                brauchst du nicht zu frieren.

Kuhlau: Du verstehst mich offensichtlich nicht.

Monika: Du tust mir weh mit diesem Satz.

Kuhlau: Verzeih, so war es nicht gemeint.

Monika: Ich weiß. Du liebst mich mehr als alles auf der
                Welt.

Kuhlau: Bis auf den Klassenkampf, die Revolution.

Monika: Wie soll man sowas lieben können? Ist so -
                abstrakt.

Kuhlau: Das sagst du so. Ich teile diese Meinung nicht.
                Wenn du einmal einen Bajonettstich durch die

	Hand erhalten hast wie ich, weißt du, daß es klare Grenzen gibt.
Monika:	So ohne weiteres verstehe ich -
Kuhlau:	Es ist vielleicht auch eine Altersfrage -
Monika:	Ich weiß. Ich bin zu jung. Es fehlt mir Reife und Erfahrung. Du suchst Zerstreuung, nicht die Frau in mir.
Kuhlau:	Sag das, bitte, nicht. Denk es nicht einmal. Grad die Frau in dir hat mich -
Monika:	Sonst meinst du auch, man müsse der Realität in die Augen sehen -
Kuhlau:	Meine Beziehungen zum Staat und zu dir sind zweierlei Dinge.
Monika:	Das ist sehr schwer zu unterscheiden.
Kuhlau:	Der Staat, wie er sich gegenwärtig gibt, ist eine Hure, die sich der privilegierten Klasse verschrieben hat. Und er hat einige mächtige Zuhälter, die darüber ´ein wachsames Auge haben, damit ihnen ja nichts vom Profit entgeht.
Monika:	Und ich bin eine Hure ohne Zuhälter. Ohne Profit.
Kuhlau:	Unsinn.
Monika:	Was bist du für ein Mensch, daß du so reagieren kannst?
Kuhlau:	Was willst du damit sagen?
Monika:	Du gehst bei jeder Frage in Deckung, suchst Schutz hinter Gegenfragen. Und wenn sich die

Gelegenheit ergibt, dann baust du dir Gebäude auf, Theorien menschlichen Verhaltens, die du selbst nicht im entferntesten einlösen kannst.

Kuhlau: Du analysierst mich?

Monika: Ich weiß im Grunde nicht, warum ich dich liebe.

Kuhlau: Ein hartes Wort.

Monika: Nein. Ein Gefühlszwiespalt. Eigentlich sollte ich dich verabscheuen; denn du nützt mich aus. Läßt deine Frau mit ihren neun, mit deinen neun Kindern einfach zu Hause sitzen und vergnügst dich hier mit mir. - Ich werde niemals zu mir finden können, wenn du mich verläßt.

Kuhlau: Ich verstehe deine Sprunghaftigkeit nicht. Einesteils machst du mir Vorwürfe, daß ich meine Frau und meine ganze Familie betrüge. Andererseits: Warum sollte ich dich verlassen?

Monika: Wenn dich deine Ideale überkommen.

Kuhlau: Du weißt, daß du mir das Wichtigste auf der Welt bist.

Monika: Du sprichst heute hochtrabend. Sonst sind die politischen Belange weit höher in deiner Bewertungsskala.

Kuhlau: Du sagst das so leicht dahin, Monika. Ich liebe dich. Du hast mir einen neuen Lebensinhalt gegeben. Ich wollte mich aus der Welt schaffen. Damit hätte ich mich selbst vom Weltübel befreit.

Ich schritt bereits zur Tat. Nahm Messer, Pistole und Strick, um ja sicher zu gehen.

Monika: Und da bin ich dazwischengekommen.

Kuhlau: Zum Glück. Genau.

Monika: Du hast den Strick um den Stuhl gebunden und hast gesagt, siehst du: das ist das Volk, dieser Stuhl da. Bequem sitzt alles da, breit abgestützt auf einen geschichtsträchtigen Boden. Keiner will den Boden versengen. Es kann auch nicht geschehen, weil alle gefesselt sind. So. Und so. Und so.

Kuhlau: Und ich glaubte, ich hätte dich auf den Stuhl gesetzt und mit gefesselt.

Monika: Nein. Wir sind zusammen um den Stuhl getanzt und haben gejohlt.

Kuhlau: Richtig. Und du hast geschrien: Unser neuer Maibaum.

Monika: Und dann hast du das Messer genommen, mitten ins Geflecht des Stuhls gesteckt und etwas von einem Geier gesagt.

Kuhlau: Ja. Der Volksseele mitten ins Herz. Getroffen. Und ein Schuß ins Genick. So. Und so. Und so. Klares Ziel, klarer Durchschuß. Nichts wird geschenkt. Ein bleibendes Ereignis. Die Revolution darf nicht sterben, sie darf niemals auf der Strecke bleiben. Kein Opfer ist ihr zuviel.

Monika: Und wir haben uns geliebt. Das erste Mal. Wir sind uns ganz nah gewesen.

Kuhlau: (abwesend) Ja - ?

Monika: Nicht wie heute.

Kuhlau: Heute ist es wie das erste Mal.

Monika: Nein. Du bist abwesend., bist gar nicht hier. Dein Kopf ist bei der Menge vor dem Landhaus. Hattest du wieder eine Auseinandersetzung mit Claudia?

Kuhlau: Was soll Claudia jetzt? Sie ist für mich gestorben. Denk an Meuner!

Monika: Und das Landhaus?

Kuhlau: Soll mir gestohlen bleiben.

Monika: Deine Anhänger warten auf dich, es ist wichtig, daß du deine Ideen umsetzt, sonst stirbt die Revolution.

Kuhlau: Revolution. Daß ich nicht lache. Ein Aufstand, ja, vielleicht. Aber die Massen machen nicht mit, es fehlt die Begeisterung. Der Staatsapparat ist zu mächtig, wenn sich das Volk zu wenig solidarisiert.

Monika: Vielleicht, weil die Studenten zu theoretisch sind. Weil sie glauben, ihre Ideen dauernd begründen zu müssen, mit einem Unterbau versehen zu müssen. Die Revolution hat keine Grundlagen, sondern begeistert aus dem Nichts.

Kuhlau: Anders kann es niemals sein.

Monika: Und wo ist der Platz für die Liebe?

Kuhlau: Realität kann vor menschlichen Gefühlen niemals Halt machen.

Monika: Aber ich bin auch ein Faktor dieser Welt.

Kuhlau: Es ist schwer, die Zusammenhänge der Weltordnung über das individuelle Schicksal zu stellen.

Monika: Das würde heißen, daß ich eine vernachlässigbare Größe bin?

Kuhlau: Das Schicksal spielt hart in Zeiten der Revolution.

Monika: Und wo bleiben deine Beteuerungen der Liebe? Wo sind deine Bekenntnisse zu meinem Körper?

Kuhlau: (betretenes Schweigen.)

Monika: Du schweigst? Kein Wort der Liebe über deine Lippen? Du willst mich der Revolution opfern?

Kuhlau: Wer redet denn von Opfer?

Monika: Wie anders hast du geredet, als du mich das erste Mal begehrtest -

Kuhlau: Begierde und Revolution sind eins und schließen sich doch aus.

Monika: Du redest heute nur in Widersprüchen.

Kuhlau: Wie das Leben.

Monika: Du weichst aus.

Kuhlau: Ich bin müde.

Monika: Der müde Revolutionär.

Kuhlau: Warum nicht?

Monika:	Auf der Straße suchen Mohlers Leute dich.
Kuhlau:	Was soll das heißen?
Monika:	Du bist erpreßbar.
Kuhlau:	Monika.
Monika:	Ja. Ich brauche nur das Fenster zu öffnen, und schon bist du eine Leiche.
Kuhlau:	Du willst - ?
Monika:	Nein. Ich liebe dich.
Kuhlau:	Ich kann nicht mehr. Die Revolution ist gescheitert. Der Staat behält die Macht. Und ich bin ein toter Mann.
Monika:	Nein. Du könntest mich noch lieben. Wir könnten Söhne haben, die deine Ideen fortsetzen.
Kuhlau:	Monika, red keinen Unsinn. Wie soll ich die Wärme einer Frau empfinden, wenn alles rundherum zu Eis erstarrt ist?
Monika:	Bist du denn nicht Mensch geblieben?
Kuhlau:	Gerade, weil ich Mensch geblieben bin, ist alles starr geworden. Die Macht ist größer als der Wille.

(Es pocht an der Türe.)

Monika:	Ziehe dich wenigstens an, wenn sie schon kommen. Ein nackter Revolutionär wirkt auf die Nachwelt lächerlich.
Kuhlau:	Sie sollen mich als Menschen finden.
Orsow:	Mach schon auf!

2. Szene

Kuhlau: Das ist Orsow.

Monika: Wer ist das?

Kuhlau: Mein bester Freund, nun mach schon auf.

Monika: Kommen Sie herein. Sie sind - ?

Orsow: Kuhlaus Freund. Und Sie sind Monika, die Freundin meines Freundes.

Monika: Er hat - ?

Kuhlau: Du bist frei?

Orsow: Genau wie du.

Kuhlau: Wie ich sagte.

Orsow: Wie du prophezeitest.

Kuhlau: Und die andern?

Orsow: Wie du und ich. Ich kann es eh nicht fassen. Das mußt du selbst - ? Du hattest doch gesagt: zum Dessert sind wir frei.

Kuhlau: Ich meinte, Monika, die hätte mit den Massen - ?

Monika: Was redet ihr. Ich höre dauernd meinen Namen. Werde ich - doch nein - ich meine - bin ich doch - es ist, als -

(Lange Pause.)

               Nun will ich endlich wissen, was ich soll. Und wer ich bin.

Kuhlau: Mein Schatz. Du bist eine Heilige. Nicht einsam bist du, auch nicht isoliert, du bist auch nicht Ermahnerin -

Orsow: Was soll denn das?

Monika: Er spielt mit meinem Namen.

Kuhlau: Du warst gar nicht - ?

Monika: Natürlich war ich, wie du mir befohlen hattest.
           Die Massen aber haben gar nicht reagiert. Als
           ich deinen Namen nannte, riefen sie, der ist
           doch tot, was sollen wir mit einer Leiche. Kein
           Mensch wollte nur zur Kenntnis nehmen, daß es
           um dein Leben ging. Die einen murrten, wenn
           wir nur zu essen hätten, gingen wir und holten
           dich heraus. Die andern fluchten, lästerten, dir
           ginge es auch in den Mauern viel zu gut. Sie
           hätten nichts gehabt und hätten so auch nichts
           zu fürchten, doch wenn sie jetzt was
           unternähmen, verlören sie ihr letztes Gut, das
           Leben nämlich. Herrgott, meint ihr eigentlich, mit
           diesen Lumpen ließe ich mich kompaktieren?

Kuhlau: Monika! Denk an unsere vergangnen Tage. Die
           Liebe -

Orsow: Ich halte mich beschämt heraus.

Kuhlau: Was hast du nur?

Orsow: Ich denke, Claudia -

Kuhlau: O Gott. Die Revolution ist auf den besten
           Wegen, und ihr kommt mir mit Claudia.

Orsow: Immerhin hat sie dir -

Kuhlau: - neun Kinder geschenkt.

Monika: Ich halt es nicht mehr aus.

| Orsow: | Doch wer hat jetzt eigentlich - ? |
| Kuhlau: | Ich muß dringend zurück. Die Dokumente - |

3. Szene

Claudia:	Die Situation ist verfahrener, als du es wahrhaben willst.
Meuner:	Ich sehe nicht mehr durch.
Claudia:	Hast du's je?
Meuner:	Du bist gemein.
Claudia:	Du redest wie mein Mann.
Meuner:	Bitte, Claudia -
Claudia:	Ist schon gut.
Meuner:	Ich weiß, daß einiges nicht mehr durch mich beeinflußt werden kann. Aber ich habe schließlich Quest vor dem sichern Untergang gerettet.
Claudia:	Weiß er dies auch?
Meuner:	Wie meinst du das?
Claudia:	Es gibt Leute, die in gewissen Momenten über kein zuverlässiges Gedächtnis verfügen.
Meuner:	Du willst -
Claudia:	Genau das will ich sagen. Für ihn bist du ohne Wert.
Meuner:	Du machst mir Angst.

5. Akt

1. Szene

Kuhlau: Die unbekannte Bedrohung - Angst. Ist es
                 lediglich Gefühl der Ungewißheit? Auch das
                 weiß ich nicht. Ein Eingehen ins Universum, ein
                 Absaufen in die gähnende Leere. Nicht
                 ertrinken, aber das ewige Fallen ins nutzlose
                 Nichts. Und jetzt noch die Gefühlswelt. Doch
                 ohne Monika. - Mein Engel. - Engel? - ein
                 irdischer Engel voll fleischlicher Lust. Ein Stachel
                 im Fleisch. Ob du noch in Freiheit bist? Nein,
                 nicht daran denken. Trinkt man aus einem
                 unvollkommenen Glas, bekommen die bösen
                 Geister Eingang in den Menschen. Das Gehen
                 in der Nacht auf dunkler Straße, ohne Sicht, ein
                 sehender Blinder, immer mit ausgestreckten
                 Händen, immer Kursabweichung. Und dazu der
                 unerträgliche Lärm der unendlichen Stille als
                 Schrei im Ohr, der alles übertönt und doch
                 immer neue Laute evoziert.

(Claudia tritt ein.)

                 Claudia. Du - ?

(Claudia zückt eine Pistole und erschießt Kuhlau.)

Claudia: Verzeih! Ich mußte es tun.

2. Szene

Langger: Es ist, als ob die Früchte zu früh reifen würden. Sie sehen zwar aus, als ob sie zum Essen wären, aber faulen von innen heraus.

Breder: Bevor du Früchte ziehst, mußt du entsprechendes Saatgut vorbereiten.

Meuner: Mir scheint, du hast genug vorbereitet.

Breder: Was soll die Anspielung?

Meuner: Das weißt du selbst am besten.

Langger: Ich habe ein Gefühl, als wäre es -

Orsow: Na? Was zögerst du?

Langger: Mich schreckt der Gedanke grundsätzlich.

Orsow: Klartext!

Langger: Gut. Ich erzähle euch eine Geschichte.

Meuner: Schon wieder. Mich langweilt dies.

Breder: Laß ihn. Schon im Mittelalter erzählte man sich Geschichten zur Unterhaltung. Diese haben wesentlich dazu beigetragen, daß die Leute einander die Köpfe nicht eingeschlagen haben.

Orsow: Dafür hat Scheherazade auch dazu beigetragen, das Kriegsheer mit ihren Söhnen zu vergrößern.

Langger: Überlebensstrategie.

Meuner: Du rechtfertigst damit Haremsmoral.

Breder: Moral ist gut. Prostitution des Individuums u n d des Staates.

Orsow: Laß uns die Geschichte hören.

Langger: Einer aus dem Volke hatte mal den Traum, daß ihm die Aufgabe gegeben würde, er müsse einen Tonkrug nehmen, ihn vor den Augen der versammelten Bürger zertrümmern, ihn so zerschmettern, daß man ihn nicht mehr zusammenfügen könne.

(Schweigen.)

Meuner: Siehst du. Schon Schweigen. Mich langweilt dies.

Orsow: Die Geschichte ist doch gar nicht fertig.

Breder: Doch. Sie ist fertig.

Meuner: So ein Quatsch. Wieder etwas, das -

Breder: Du mußt sie nur in Beziehung setzen.

Langger: Wozu? Und wie?

Breder: Ist dir denn nicht klar, daß es unter uns jemanden gibt, der das Geschirr zerschmettern will? Dem es nur darum geht, alles kaputt zu machen, ohne konstruktiv zu sein.

Langger: Das glaub ich einfach nicht.

Breder: Wir wissen, daß wir verraten worden sind. Information, wie auch immer, konnte nur von einem Insider stammen.

Notter: Führen wir doch ein Gänsespiel ein.

Breder: Was meinst du damit?

Notter: Zur Zeit der Französischen Revolution waren für die Zeitgenossen die Ereignisse von unerhörter Fülle, verwirrend auch, sich überstürzend. Man mußte der Erfahrung einen Sinn geben. Das hieß auch, den einzelnen Ereignissen einen Sinn zu verleihen. Es mußte ein innerer Zusammenhang erarbeitet werden. Also erfand man Gesellschaftsspiele. Es handelte sich um vereinfachte Miniaturen selbständiger Revolutionsstiche, die als Würfelspielfelder aneinandergereiht wurden. Und durch Spielregeln wurde ein Sinnzusammenhang hergestellt.

Orsow: Spielregeln? Sinnzusammenhang? Wie paßt so etwas zur Revolution? Wohl eine strukturierte Revolution? Diese ganze manipulierte Ideologie ist Papiertiger, nichts sonst.

Meuner: Wovon sprechen wir denn heute?

Langger: Fahr fort. Was ist mit den Gänsen?

Notter: Die Gänse stehen sinnbildlich für die alten Obergerichte und revolutionsfeindlichen Kräfte. Aber die Revolution geht über sie hinweg durch gewaltsame Volkshandlungen, die sich durch freiheitliche und nationale Ziele rechtfertigen lassen.

Breder: Die Schlachtung zum Martinimahl.

Orsow: Gänse haben durch Wachsamkeit auch Rom gerettet. Natürlich ist es ein gewaltsamer, alle Lebensbereiche umfassender Prozeß. Ein Erneuerungsprozeß in eine offene Zukunft.

Langger: Die Gans als Pferdefuß für verspätete Reformen.

(Gelächter.)

Notter: Wenn du so willst.

Langger: Und der Premier als Küchenmeister. Wieviele Hauben gibst du ihm?

Breder: Sieh mal an! Ein verkappter Royalist. Die Haube als Relikt der Krone für den Bürgerkönig.

Langger: Allesamt nur Schlachtvieh, das wählen darf, mit welcher Sauce es verspeist werden will.

Meuner: Oder soll. Man darf den Radikalisierungsprozeß nicht außer acht lassen.

Breder: Läßt du bereits den Aftermarsch blasen?

(Gelächter.)

Orsow: Das Beinhaus hat noch genügend Platz. Auch für kleine und für Wasserköpfe.

Langger: Du meinst, auch für einen, der gerne die Weltkugel verschlingen möchte?

Orsow: Geht sie denn hinein?

Meuner: Dem Reden nach hat er ein großes Maul.

Orsow: Aber mag er sie? Schmeckt sie ihm? Nachdem er sie mit Füßen getreten hat? Da stinkt sie sicherlich.

(Claudia tritt ein.)

Breder: O, gnädige Frau.

Orsow: Claudia!

Claudia: Eine konspirative Sitzung?

Breder: Wir wußten nicht –

Meuner: Nicht, was Sie vermuten. Es ist so hoffnungslos.
               Haben Sie Nachricht - ?
Claudia: Allerdings. Und nur traurige.
(Alle springen auf.)
               Ich habe soeben meinen Mann erschossen
               aufgefunden.
(Sie geht schnell ab, die andern stürzen hinter ihr her.)

3. Szene

Quest: Ordne die Räumung der Straßenbarrikaden an.
Mohler: Auch wenn Tote die Folge sind?
Quest: Die innere Sicherheit kann niemals Rücksicht
               auf ein Menschenleben nehmen.
Mohler: Sie wissen, was dies heißt? Was es zur Folge
               hat? Ein Aufstand von Tausenden wird mehr
               Opfer fordern, als Sie meinen. Die Masse will
               den Mord an Kuhlau gerächt wissen.
Quest: Geh. Die Maßregeln, die zur Dämpfung von
               Straßenunruhen ergriffen werden müssen,
               gehören nicht in mein Ressort.
Mohler: Die Meute ist aufgebracht. Wir müssen sie
               beruhigen.
Quest: Laß ein paar Schüsse in die Menge feuern, das
               hilft immer, dann stieben alle auseinander.
Mohler: Was, wenn der Anführer zum Opfer wird?

Quest:		Umso besser. In zwei Wochen kräht kein Hahn
		mehr danach.
Mohler:		Ich fürchte schon.
Quest:		Warum?
Mohler:		Weil der Anführer eine Frau ist.
Quest:		Dann erst recht. Die sollen lieber kochen, nähen.
Mohler:		Aber es ist -
Quest:		Du	langweilst	mich	mit	deinen
		Pseudodialektismen.
(Es läutet.)
Mohler:		Sie gestatten?
Quest:		Ich bin es müde -
(Meuner tritt ein, nun unmaskiert.)

4. Szene

Quest:		Was ist? Wer sind Sie?
Meuner:		Wenn Sie meine Stimme hören, erkennen Sie
		mich wieder.
Mohler:		Die Maske. Sie?
Meuner:		Ja. Ich, Lorenz Meuner.
Quest:		Was	wollen	Sie	noch?	Sie	haben	Ihren
		Judaslohn doch erhalten.
Meuner:		Ich wollte mich bei meinem Gönner auch dafür
		bedanken.
Quest:		Gehen Sie. Ich will Sie nie mehr sehen.

Meuner:	Sonst könnte ich Ihnen noch zur Gewissenslast werden, meinen Sie?
Mohler:	So gehen Sie endlich. Sie haben gehört, was unser Staatsvorsitzender zu Ihnen gesagt hat.

(In diesem Moment explodiert eine Bombe, die den ganzen Saal verwüstet. Alle drei sind sofort tot.)

5. Szene

(Im Mausoleum. Claudia in Schwarz. Ein diskreter Gruftwächter.)

Claudia:	Da ruhst du nun, du Nimmersatt.
Wächter:	(nach langer Pause.) Sie scheinen verbittert.
Claudia:	Soll ich's, darf ich's nicht sein?
Wächter:	Ich kenn Sie nicht.
Claudia:	Das war ein Vater von neun Kindern. Und muß revoluzzen.
Wächter:	Eine Berufung macht vor genetischen Problemen keinen Halt.
Claudia:	Ein Zitat des toten Mannes.
Wächter:	Er sprach es aus in einer Versammlung, als wir, gewerkschaftlich organisiert, vor dem Landhaus demonstrierten.
Claudia:	Er war ein Mann von großen Sätzen. Aber Gewerkschaft der Gruftwächter?
Wächter:	Der Satz ist mir geblieben. Doch mir scheint, es gibt Besuch. Und Ruhestätte ist kein Ort, wo Gespräche Blüten treiben sollten.

Claudia: Ich hab es nicht gesucht.

Wächter: Ich ziehe mich diskret zurück.

Monika: Wo ist die Urne?

Wächter: Sie sind nicht allein. Es ist -

Monika: Bitte, gehen Sie hinaus.

Wächter: Diskretion ist Ehrensache.

Claudia: O Geliebter! Warum hast du nicht die Kinder
             akzeptieren wollen - Ein Opfer - Aber ich - ?

Monika: Sind Sie Claudia?

Claudia: Was soll's?

Monika: Er war mein Geliebter.

Claudia: Keiner kann ihn mir wegnehmen. Ich habe es
             amtlich.

Monika: Sie haben ihn verraten. Ihn doch weggegeben.
             Und: was nützt es, wenn das Herz dabei fehlt?

Claudia: Ich habe ihn im Herzen, trug ihn und seine
             Frucht neunmal unterm Herzen.

Monika: Ein egoistisches Gebaren. Er weiß es nicht,
             kann es nicht bestätigen. Er ist ein Gott, den Sie
             sich machen, sich binden, sich einnisten, sich
             nisten lassen.

Claudia: Was treten Sie in mein Leben? Sie sind
             unverschämt.

Monika: Ich trete nicht in Ihr Leben. Ich bin in sein Leben
             getreten, weil er mit Ihnen nichts mehr
             anzufangen wußte. Ich habe ihn geliebt. Liebe
             ihn noch jetzt. Sie werden mir meinen geliebten

Leichnam nicht aus meinem Herzen nehmen können. Wer weiß, wer ihn getötet hat. Vielleicht - ?

Claudia: Jetzt ist er in der Urne. Asche. Ohne Herz. Verbrannt.

Monika: Meine Gefühle -

Claudia: Die sind hin. Die Kugel, die er im Herzen hatte, hat sie verdrängt.

Monika: Nein. Sie sind widerlich.

Claudia: Neun Kinder hatte ich von ihm. Sie waren nur seine Geliebte.

Monika: Sie sind ekelhaft.

Claudia: Ihr Gefühl ernährt nicht ein einziges meiner neun Kinder.

Monika: Auf die Beziehung kommt es an, nicht auf zufällige Genprodukte.

Claudia: Was wissen Sie - ?

Monika: Er hat geschluchzt in meinen Armen.

Claudia: Wo weist die Asche Tränen auf?

Monika: Er hat mich umfaßt, griff mir an die Brust. Ich spür ihn immer zwischen meinen Schenkeln. Er hat gesagt, er würd mich nie verlassen.

Claudia: Als was?

Monika: Ich versteh Sie nicht.

Claudia: Greift die Asche Ihre Brust? Pfählt Asche Ihren Schoß? Vibriert die Asche auf der Haut?

Monika: Ich kann nicht mehr - . Es ist, als ob Sie ihn -

Wächter: Sie sollten Ruhe geben.

Claudia: Neben dieser Hure da?

Wächter: Pietät, gnädige Frau.

Monika: Anstand und Lüge sind Geschwisterkinder.

Claudia: Das ist ein unverschämtes Theater. Ich war mit
              dieser Asche da immerhin verheiratet.

Wächter: Das ist noch lange kein Privileg, daß Sie sich vor
              derselben streiten.

Monika: Mein Geliebter.

Claudia: Entfernen Sie diese Dame da. Sie verletzt
              jegliches Gefühl.

Wächter: Ich schließe die Gruft. Hier liegt ein großer Toter,
              den die Welt zum Leben erwecken sollte. Geben
              Sie Ruhe und kommen Sie mit.

Claudia: Ein Ehrfurchtssatz. Auswechselbar. Kaiser und
              Mönch. Revolutionär und Gangster.

Monika: Der Entschluß ist gefaßt. Wer sich nicht rächt,
              der heiligt sich nicht.

Claudia: Was soll das heißen?

Monika: Eine Kugel der Mörderin.

Claudia: Aber -

(Monika erschießt Claudia.)

6. Szene

Monika: Nie werde ich zur Märtyrerin des Volks. Nein. Es ist ein eigenartiges Gefühl. Das Volk will deine Machtposition. Wer ist das Volk? Das ist fürs erste einmal Masse. Nichts als ein Klumpen Volk. Kein einziges Individuum darin. Und alle schreien. Schreien dir zu. Du möchtest am liebsten die Ohren zuhalten, weil du diesen omnipotenten Schrei einfach nicht mehr aushältst. Aber es schreit, auch wenn du Einhalt gebietest. Etwas hat überhandgenommen, sich verselbständigt. Und dieses Etwas verfolgt dich. Plötzlich merkst du, daß mitten im Schrei eine unendliche Stille herrscht. Der Lärm hebt dich von allem ab auf eine einsame Insel. Ganz allein bist du, und nichts hörst du mehr, nur mehr die Stille, diese absolute Stille. Und da erhebst du dich, wirst emporgetragen von einer unheimlichen Größe, selbst zur Größe geworden. Und dann bist du weg. Plötzlich weg. Wo bleibt die Liebe? Es kann nicht sein, es kann nicht sein, daß nur die Isolation die Triebfeder der politischen Handlungen ist. Es muß doch etwas Übergeordnetes geben, das die Motivation für alles in sich birgt. Auch für das Sterben, das den großen Taten folgt. Die Politik ist etwas Öffentliches, heißt es immer, aber wenn ich an die Öffentlichkeit appelliere, lacht mich jeder aus. Dabei möchte ich Vorbild sein, möchte positive Seiten aufzeigen, auch ermahnen. Das bin ich schließlich meinem Namen schuldig. Und dann die Liebe. Hat er mich geliebt? - Jawohl. - Mit Hingabe. - Hat er das? - Ich zweifle. - Lag es nur an mir? - Hab ich ihn geliebt? - Manchmal hatte ich das Gefühl, gewaltige Verrenkungen ausführen zu müssen. Doch die Zeiten der Vergangenheit sind ein Buch mit sieben Siegeln. Fast wie Isolation. Nein, ich habe keine Raubehe betrieben. Es war kein Frauenraub von ihm. Schließlich hab ich ihn gerächt. Drum sag ich ja. Ich gehe auf die Barrikaden. - Der Lärm dringt wieder durch.

Epilog

Volk (wild durcheinander):   Du Hure /

Geheiligte /

Du hast mit ihm gehurt /

Befreie uns /

Büße dafür /

Du bist unsre Mutter /

Du hast ihn kaputtgemacht /

Es lebe die Freiheit

Monika: Warum nur? Ihr habt ihn doch verehrt? Bin ich eure Retterin? Kann ich sie sein? --- ?

****

Anmerkung:	Ich habe dieses Stück Ende 1988 beendet und Anfang 1989 dem Theater Kanton Zürich zur Uraufführung übergeben. Leider ist es liegen geblieben. Die Ereignisse um den 9. November 1989 hätten es top aktuell werden lassen.

Das Coverbild ist eine Bearbeitung eines Bilds
Masken von James Ensor. ©weder